W9-AAZ-652

Me encanta mi mascota
LA RANA

Aaron Carr

SPANISH & ENGLISH eBOOKS
AV2
BY WEIGL™
ADDED VALUE • AUDIO VISUAL

www.av2books.com

El enriquecido libro electrónico AV² te ofrece una experiencia bilingüe completa entre el inglés y el español para aprender el vocabulario de los dos idiomas.

This AV² media enhanced book gives you a fully bilingual experience between English and Spanish to learn the vocabulary of both languages.

Spanish   **English**

Navegación bilingüe AV²
AV² Bilingual Navigation

CHANGE LANGUAGE
ENGLISH **SPANISH**

OPCIÓN DE IDIOMA
LANGUAGE TOGGLE

CAMBIAR LA PÁGINA
PAGE TURNING

BACK **NEXT**

CERRAR
CLOSE

INICIO
HOME

VISTA PRELIMINAR
PAGE PREVIEW

Me encanta mi mascota
LA RANA

CONTENIDO

3

Me encanta mi mascota rana.
La cuido mucho.

Mi rana fue un renacuajo.
No tenía brazos
ni patas todavía.

Mi rana vivió en el agua durante 12 semanas. Estaba completamente desarrollada después de 16 semanas.

A la rana joven que todavía tiene parte de su cola de renacuajo se le llama ranita.

Mi rana usa su lengua para atrapar su alimento. Traga su comida de un solo bocado.

Mi rana respira
a través de su piel.
Su piel también la ayuda
a mantenerse segura.

La piel de las
ranas está cubierta
de veneno.

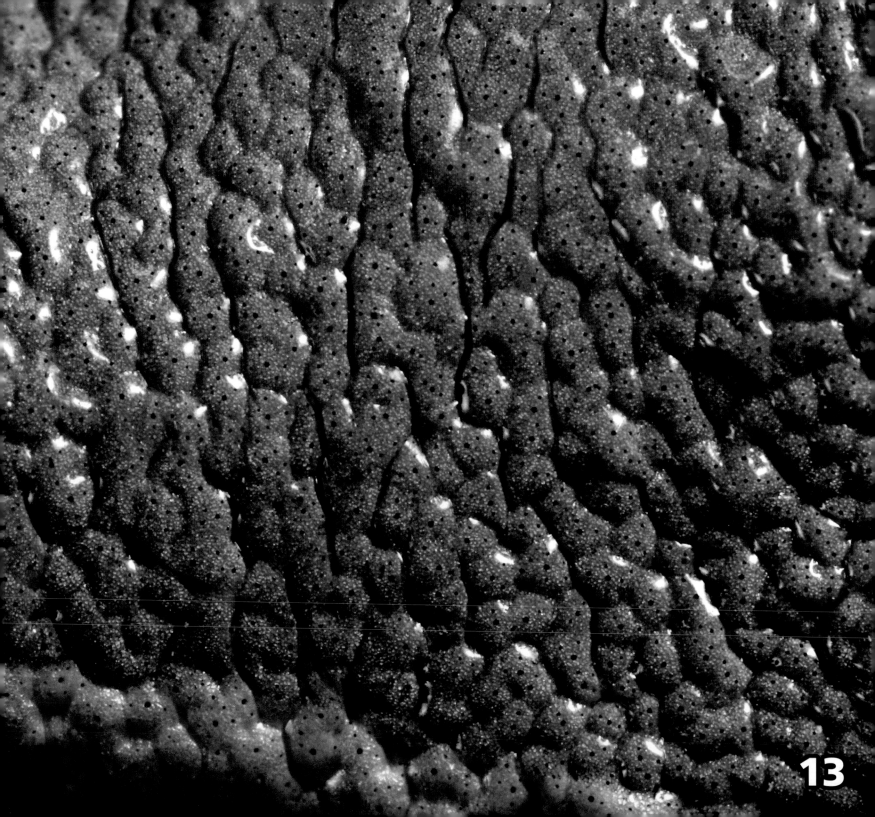

Mi rana es de sangre fría.
Cuando tiene frío,
se va a dormir.

Mi rana necesita ser alimentada todos los días. Tengo que limpiar su pecera todos los meses.

17

Mi rana se
alimenta de insectos.
Usa sus ojos grandes para
ayudar a tragar sus alimentos.

Las ranas beben
agua a través
de su piel.

Ayudo a mantener a
mi rana saludable y feliz.
Me encanta mi mascota rana.

DATOS DE LA RANA

Estas páginas proveen más información acerca de los datos interesantes que se encuentran en el libro. Están destinadas a ser utilizadas por adultos como apoyo de aprendizaje para ayudar a los jóvenes lectores con sus conocimientos de cada animal presentado en la serie *Me encanta mi mascota*.

Páginas 4–5

Me encanta mi mascota rana. La cuido mucho. Las ranas son excelentes mascotas. Es importante elegir una rana adecuada. Hay más de 4.000 especies de rana, pero no todas son buenas mascotas. Quienes compran ranas por primera vez deberían comenzar con una común, como la rana verde. Esta rana crece hasta 4 pulgadas (11 centímetros) de largo y vive hasta 20 años.

Páginas 6–7

Mi rana fue un renacuajo. No tenía brazos ni patas todavía. Cuando las ranas nacen, eclosionan de huevos. En este momento se le llama renacuajos. Un renacuajo tiene la misma apariencia de las ranas. Parecen peces pequeños con una cola larga y plana y una boca redonda. Los renacuajos permanecen debajo del agua respiran a través de sus branquias, como los peces, y comen algas.

Páginas 8–9

Mi rana vivió en el agua durante 12 semanas. Estaba completamente desarrollada después de 16 semanas. Cuatro semanas después de eclosionar, al renacuajo le comienza a crecer piel en sus branquias. Entre seis y nueve semanas de edad, le renacuajo comienzan a crecer sus patitas. A las 12 semanas, el renacuajo se convierte en una ranita. Las ranitas parecen ranas pequeñas, pero conservan una parte de la cola de renacuajo. A las 16 semanas está completo el cambio de la rana. A este cambio se le llama metamorfosis.

Páginas 10–11

Mi rana usa su lengua para atrapar su alimento. Traga su comida de un solo bocado. La lengua de la rana es pegajosa. La rana mueve rápidamente su lengua y la abulta hacia afuera para atrapar a su presa. Una vez que su presa está atrapada en su lengua, la rana empuja la comida dentro de su boca. Las ranas no tienen dientes, por lo tanto deben atrapar alimentos que sean lo suficientemente pequeños como para poder tragarlos enteros.

Páginas 12–13

Mi rana respira a través de su piel. Su piel también la ayuda a mantenerse segura. Las ranas pueden tomar aire a través de su piel. Si necesitan más aire, también pueden respirar a través de su nariz. Esto hace que la lengua se abulte hacia afuera mientras se llena de aire. Las ranas están cubiertas de una mucosidad limosa. Este moco es venenoso en todas las ranas, pero no es lo suficientemente fuerte, en la mayoría de las especies, como para afectar a los humanos.

Páginas 14–15

Mi rana es de sangre fría. Cuando tiene frío, se va a dormir. Las ranas son anfibios. La palabra anfibio significa "doble vida", lo que se refiere a sus etapas iniciales de vida en el agua y a su vida adulta en la tierra. Como todos los anfibios, las ranas no pueden generar su propio calor corporal. Necesitan que se las mantenga cálidas. Si las ranas tienen demasiado frío, entran en un sueño profundo que se llama hibernación.

Páginas 16–17

Mi rana necesita ser alimentada todos los días. Tengo que limpiar su pecera todos los meses. Comparadas con otras mascotas, las ranas no necesitan muchos cuidados. No es necesario sacarlas a pasear, acicalarlas o bañarlas. Necesitan ser alimentas y tener agua limpia todos los días, y su pecera debe ser limpiada regularmente.

Páginas 18–19

Mi rana se alimenta de insectos. Usa sus ojos grandes para ayudar a tragar sus alimentos. Los animales que comen insectos se les llama insectívoros. Las ranas prefieren comer insectos vivos, incluyendo grillos, saltamontes, moscas de la fruta, arañas y lombrices. Las ranas usan sus ojos grandes para ayudar a tragar sus alimentos. Cierran los ojos y los mete dentro de su cabeza. Esto hace que la comida pase por la garganta de la rana.

Páginas 20–21

Ayudo a mantener a mi rana saludable y feliz. Me encanta mi mascota rana. A la mayoría de las ranas no les gusta ser manipuladas, y algunas muerden al ser recogidas. Las ranas pequeñas se pueden lastimar al ser manipuladas. Siempre pide la ayuda de un adulto para cuidar a tu mascota. Si tu rana deja de comer, puede ser un signo de enfermedad. Si tu rana se enferma, llévala al veterinario para que sea tratada inmediatamente.

¡Visita www.av2books.com para disfrutar de tu libro interactivo de inglés y español!

Check out www.av2books.com for your interactive English and Spanish ebook!

1 **Entra en www.av2books.com**
Go to www.av2books.com

2 **Ingresa tu código**
Enter book code

S 4 8 7 5 4 1

3 **¡Alimenta tu imaginación en línea!**
Fuel your imagination online!

www.av2books.com

Published by AV² by Weigl
350 5th Avenue, 59th Floor New York, NY 10118
Website: www.av2books.com   www.weigl.com

Library of Congress Control Number: 2014933380

ISBN 978-1-4896-2117-7 (hardcover)
ISBN 978-1-4896-2118-4 (single-user eBook)
ISBN 978-1-4896-2119-1 (multi-user eBook)

Printed in the United States of America in North Mankato, Minnesota
1 2 3 4 5 6 7 8 9 0 18 17 16 15 14

032014
WEP280314

Project Coordinator: Jared Siemens
Spanish Editor: Translation Cloud LLC
Art Director: Terry Paulhus